© 1994 Kidsbooks, Inc.
3535 West Peterson Ave., Chicago, Il 60659

Edición en español
© 1994 DDL Books, Inc.
6521 NW 87th Ave., Miami, FL 33178

ISBN 1-57089-151-6

Título original: The Kids' Picture Word Book

Autora
Lisa Haughom

Traducido por
Gabriela Prati

Impreso en Eslovenia

ABC Mi mundo así es...

Diccionario de Dibujos

Por
Lisa Haughom

DDL Books Inc.

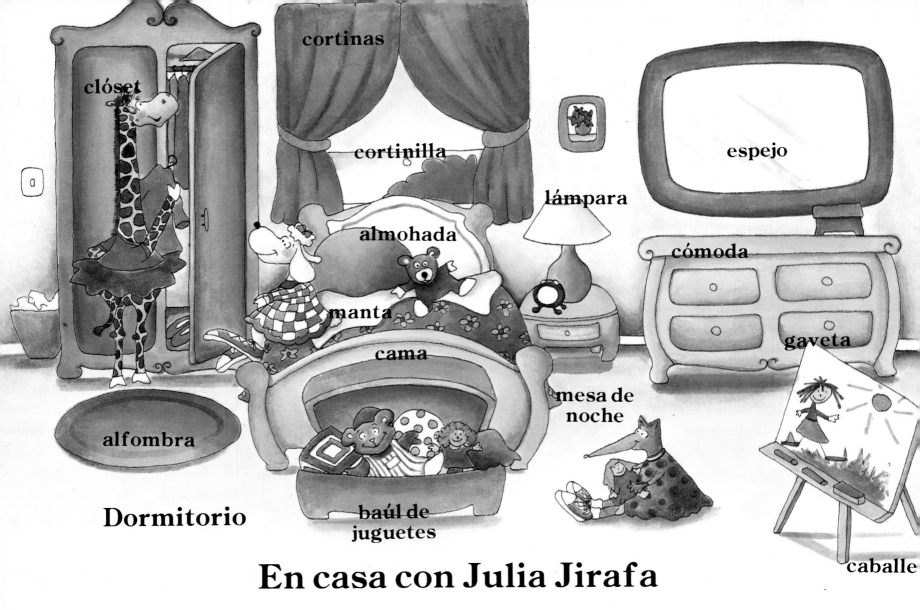

clóset

cortinas

cortinilla

lámpara

espejo

almohada

cómoda

manta

gaveta

cama

mesa de noche

alfombra

Dormitorio

baúl de juguetes

caballe

En casa con Julia Jirafa

librero

cuadro

parlantes

fotografías

libros

sofá

teléfono

t.v.

radio

revistas

vcr

mesa

sillón

casete

silla

Sala

espejo

cepillo de dientes

botiquín

bata de baño

cortina

toalla

vaso

jabón

patito

pasta de dientes

lavamanos

papel higiénico

burbujas

bañera

inodoro

Baño

cortina

gabinetes

microondas

nevera

tostadora

estufa

olla

servilletas

Tía Jirafa

fregadero

cafetera

sartén

lavaplatos

paño

horno

plato

taza

basurero

silla

mantel

Cocina

bandera

tablero

calendario

1	2	3	4	5	6
8	9	10	11	12	13
15	16	17	18	19	20
	23	24	25	26	27
28	29	30	31		

$$4 + 4 = 8$$
$$5 + 2 = 7$$
$$3 + 3 = 6$$

tablón de anuncios

maestra

lápices

globo

papel

escritorio

basurero

Leo León

silla

juguetes

En clase con Leo León

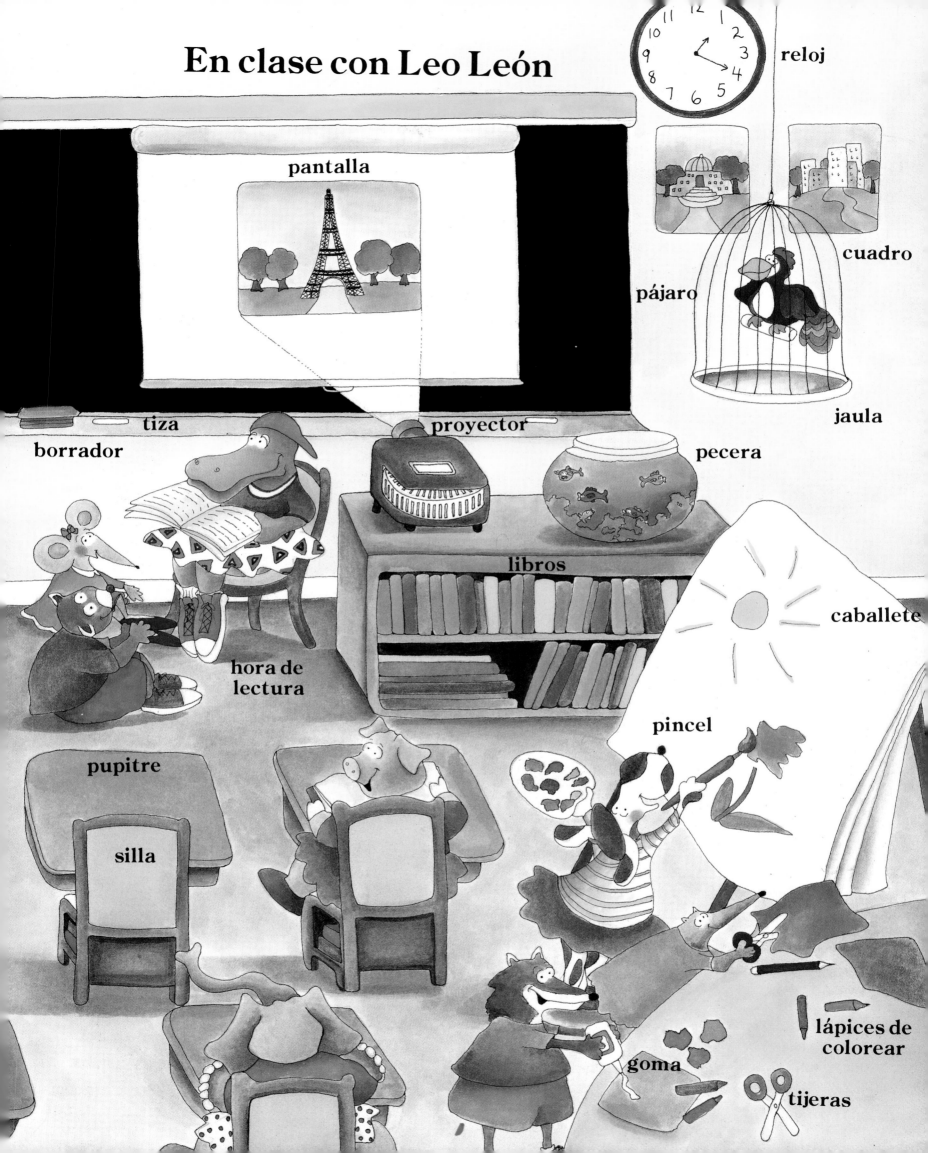

árbol

columpios

columpio

perros calientes

basurero

sube y
baja

banca

patineta

triciclo

rayuela

En el parque con Gabi Gata

heladero

césped

Gabi Gata

tobogán

caja de arena

coche

patines

bicicleta

Las emociones de Oscar Oso

feliz

enojado

aburrido

triste

sorprendido

preocupado

orgulloso

emocionado

apenado

asustado

Primavera

papalote

pájaro

nido

cortadora de zacate

mesa

rastrillo

silla

flores

césped

jardín

Elsa Elefante celebra las estaciones

Otoño

casa

manzanas

morral

árbol

cerca

calabazas

cesta

hojas

templo

librería

peluquería

dentista

viajes

hospital

cine

bodega

tintorería

Conchita
Cerdita

hidrante

acera

ambulancia

estación de
bomberos

gasolina

bandera

ayuntamiento

biblioteca

bomberos

Paseando por la ciudad con Conchita Cerdita

En el supermercado con Cora Coneja

queso

carnicero

cesta

carne

revistas

galleta

pollo

libros

cereal

comprador

pescado

carrito

caja registradora

cajero

bolsas

Rudi Rino visita al dentista

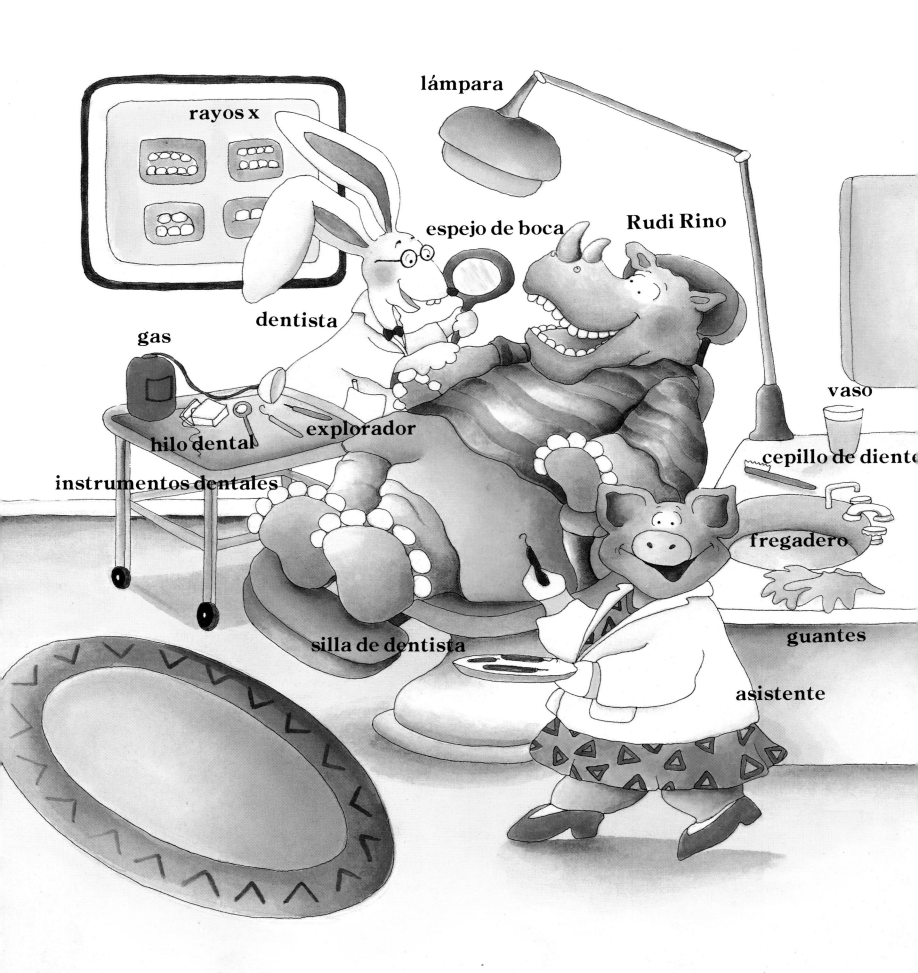

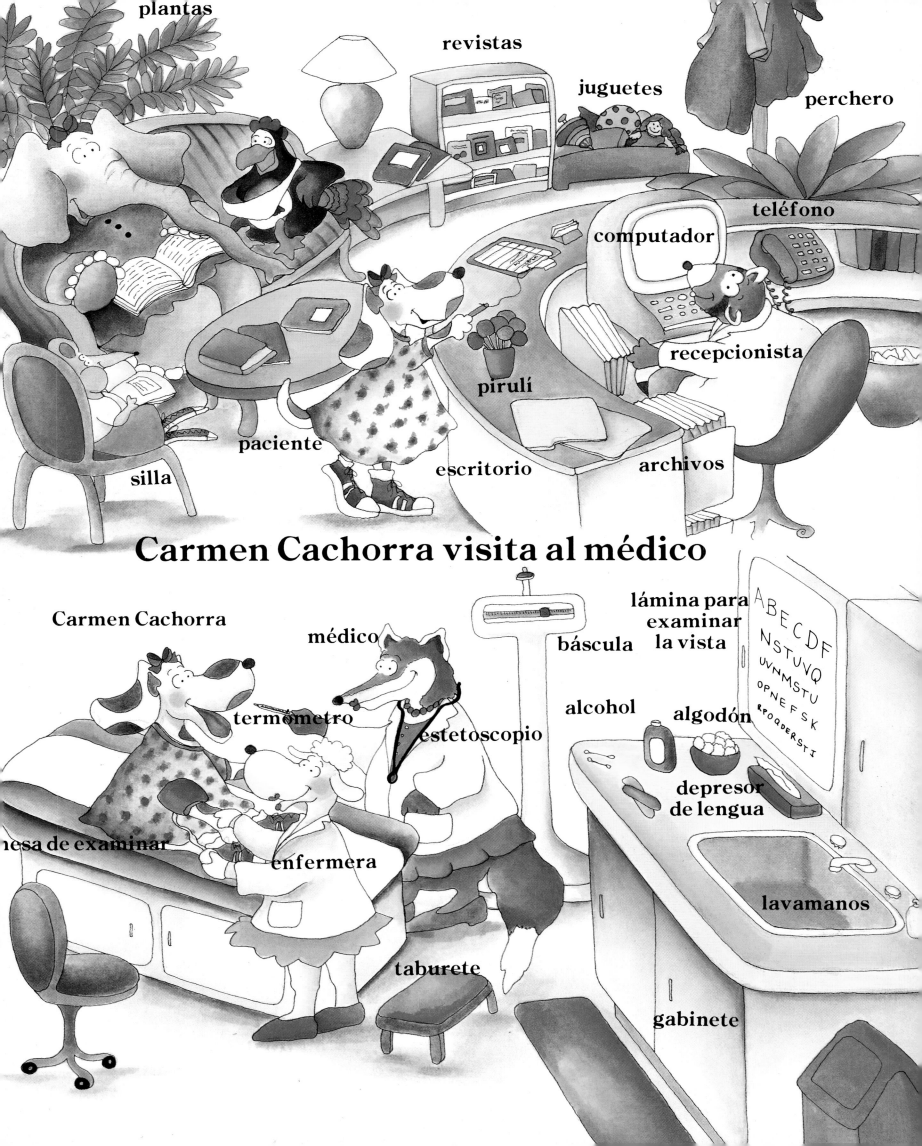

plantas

revistas

juguetes

perchero

teléfono

computador

recepcionista

pirulí

paciente

escritorio

archivos

silla

Carmen Cachorra visita al médico

Carmen Cachorra

médico

lámina para
examinar
la vista

báscula

alcohol

algodón

termómetro

estetoscopio

depresor
de lengua

mesa de examinar

enfermera

lavamanos

taburete

gabinete

Coco Caimán en la juguetería

Coco Caimán

balón de
baloncesto

bates

pelotas

libros

oso de
peluche

balón
de fútbol

móvil

triciclo

maracas

tren
eléctrico

cubos

juegos de video

casa de muñeca

muñeca

caballito

bicicleta

yo-yo

avión

juegos

camión

carro

bola de
béisbol

La fiesta de cumpleaños de Mimi

música

radio

amigos

ponle la cola al burro

recuerdos

cola

regalos

sombrero

globo

pelota

tarjeta

payaso

globos

serpentina

cono de helado

Mimi Mona

velas

pito

bizcocho de cumpleaños

piñata

Feliz Cumpleaños

vara

caramelo

jugo de frutas

pizza

En la granja con Tito Tigre

huerto

cerca

veleta

granero

tractor

granjero

camioneta

heno

huevos

gallinero

dirigible

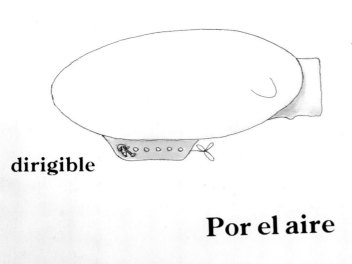

Por el aire

helicóptero

remolcador

camión de basura

tren

autobús

Por tierra

patrulla

tractor

camión de bomberos

ambulancia

motocicleta

camión de mudanzas

taxi

bulldozer

Viajando con el Capitán Mario Morsa

avión

globo

carro

submarino

velero

canoa

barcaza

En el agua

transbordador

remolcador

casa flotane

lancha

bote de remos

Capitán
Mario Morsa

icicleta

hidroavión

transatlántico

buque de carga